Vous souhaitez nous faire part de vos appréciations, de vos suggestions, de vos critiques, de vos projets...

Vous souhaitez connaître l'ensemble de nos activités...

Vous souhaitez commander ou offrir ce livre...

Vous souhaitez nous contacter :

BUSINESS TRAINING 7, rue de l'Indre 44 000 Nantes Tel 02.40.89.91.91 Fax 02.51.82.36.56 daniel.cisse@bt-groupe.com	LA WROOM TEAM 3 bis, rue des Bauches 78 260 Achères Tel 01 39 19 39 47 Port 06 85 25 53 95 p.charraud@lawroomteam.eu

改善

« KAIZEN ?

VOUS AVEZ DIT KAIZEN ?

ISBN : 978-2-32222-073-1

Pierre CHARRAUD - Daniel CISSE

KAIZEN ?

VOUS AVEZ DIT KAIZEN ?

Illustrations de Ivan Clerc Renaud

ET SI NOUS PRENIONS LA DECISION DE CHANGER…

…UN PETIT QUELQUE CHOSE…

…TOUS LES JOURS.

Là commence le KAIZEN…

A tous ceux qui veulent faire plus

Sans travailler plus

A tous ceux qui veulent faire mieux

En travaillant mieux

A tous ceux qui vous permettent
d'exprimer votre créativité et votre désir de
changement…

REMERCIEMENTS

Nous remercions l'ensemble de nos amis et particulièrement Alain Audenino pour la contribution active et le soutien qu'ils nous ont apportés pendant la rédaction de ce livre…

Nous remercions également Annette pour les conseils et les encouragements qu'elle nous a prodigués.

Avertissement

Toute relation ou simplement ressemblance, de près ou de loin, avec une personne existante ou ayant existée, serait purement fortuite et le fruit du hasard.

KAIZEN ?
VOUS AVEZ DIT KAIZEN ?

Avant-propos

KAIZEN : Japonais ou pas japonais ?

L'origine de l'histoire du KAIZEN n'est pas japonaise. En effet, le KAIZEN est né aux USA pendant la seconde guerre mondiale mais sous un autre nom, le TWI (Training Within Industries: formation au sein de l'entreprise).

L'industrie américaine devait alors faire face à une pénurie de main d'œuvre et à une forte demande industrielle due à la guerre.
Un des programmes du TWI était « l'amélioration progressive ». Le but était d'amener les collaborateurs à proposer le plus d'améliorations possibles, aussi minimes soient-elles. Le temps manquait pour recourir à de longs programmes de développement. Aussi, *« il fallait faire mieux avec ce que l'on avait »*.

La guerre terminée, les Américains formèrent les industriels japonais pour qu'ils mettent en place cette méthode d'amélioration progressive, également appelée « méthode des petits pas ».

Les japonais se l'approprièrent si bien, qu'ils la baptisèrent « KAIZEN ». Ils perfectionnèrent la méthode au point qu'aujourd'hui beaucoup de personnes pensent que l'origine est japonaise. De leur côté, les Américains abandonnèrent la méthode. Les « petits gars » rentrèrent au pays. Il n'y avait plus d'effort de guerre à fournir.

Pour finir la petite histoire, les Japonais réintroduisirent la méthode aux USA par le biais de la marque Toyota. Aujourd'hui, elle apparaît dans la méthodologie « lean » qui ne renie pas la maîtrise nippone. De nombreuses entreprises dans le monde ont recours aux experts Japonais (Sensei)[1] pour mettre en place le KAIZEN.

---

[1] Le maître, celui qui a appris

CHAPITRE 1

UN PAS POUR COMMENCER.

Au commencement était le problème

Le KAIZEN commence par la reconnaissance du problème. L'évolution des mentalités est importante. Il faut dire haut et fort qu'il y a un problème et ne pas soulever le coin du tapis pour mettre le problème dessous. Pour commencer, il faut aussi savoir que le KAIZEN existe et si vous lisez ce livre, vous êtes déjà sur la bonne voie.

La volonté de commencer *(épisode 1)*

Un de nos clients, directeur de concession automobile, est confronté à un problème lié au magasin des pièces détachées. Un matin, le responsable magasin arrive dans son bureau et lui dit : « Le magasin de stockage est trop petit, les mécaniciens m'empêchent d'entrer mes pièces le matin car ils attendent les leurs et il me faut un magasinier supplémentaire. Et je ne vous parle même pas des problèmes que j'ai avec la réception et les clients ».

Le problème est bien identifié et la volonté de trouver une solution est là, car le directeur sait que nous pratiquons le KAIZEN dans le réseau. Un rendez-vous de travail est organisé.

Quelques jours plus tard, au cours de cette première réunion, nous l'aidons à constituer le groupe KAIZEN.
           (à suivre dans l'épisode 2)…

Les questions à se poser

Qu'ai-je « vraiment » à perdre ?

Le problème, je l'ai. Le pire qui puisse m'arriver, au point où j'en suis, c'est qu'il perdure. Si je fais quelque chose, cela peut s'améliorer ou se dégrader, rien n'est sûr. Mais si je ne fais rien, la certitude, c'est que le problème s'installera.
Et ça, c'est concret et très déplaisant.
Ce qui peut m'arriver aussi - qui fait parfois très peur - c'est que le problème change de nature. C'est souvent cette éventualité qui nous bloque dans nos actions.
Et si le problème devenait encore plus grand ?

Au lieu de penser négativement, en imaginant le pire, essayons de penser au meilleur.
Et si la vraie question était plutôt *: qu'est-ce que j'ai à gagner ?*
Et aussi : *Qu'est-ce qui ne coûte rien mais que je pourrais essayer ?*

Et si en changeant la nature du problème, je pouvais mieux le résoudre ?
Et si…

Mais tout le monde sait qu'avec des ET SI…, on mettrait Paris en bouteille

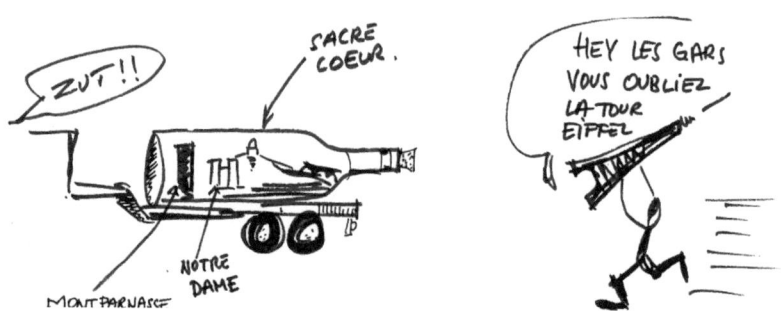

Qui donne l'ordre ?

« Quand le patron parle du groupe,
il doit dire NOUS,
car la force d'un chef, c'est d'avoir un
groupe.

Quand le patron parle au groupe,
il doit dire JE,
car la force d'un groupe, c'est d'avoir un
chef. »

C'est le patron qui donne l'ordre, il doit être le moteur et le chef d'orchestre du programme KAIZEN. Il doit faire partager sa vision de la finalité de l'action à l'ensemble de ses collaborateurs et s'impliquer activement dans le projet. Il devient *l'agent du changement.*

Dans de très grandes entreprises, le patron ne dirige pas forcément ni directement les activités KAIZEN. Il doit alors déléguer l'action. Dans ce cas, il nomme un chef du groupe KAIZEN qu'il soutient. Il continue néanmoins à s'intéresser au bon déroulement des activités.
Mais qu'il agisse lui-même ou qu'il délègue, c'est toujours le « Patron » qui incarne la volonté de changement par le KAIZEN.

CHAPITRE 2

COPIER / COLLER ?

« Quand les mouettes ont pieds,
Il est temps de virer »
dicton marin

Gemba[2]

Avant de commencer, il faut bien comprendre la situation. Et la seule façon de faire, c'est « d'aller voir soi-même » ce qui se passe sur le Gemba. Le Gemba, c'est le terrain. C'est le lieu de toutes les informations et le lieu de toutes les améliorations. C'est là que tout se passe.
Il ne faut pas se fier aveuglement aux informations que vous recevez. Les indicateurs ou les voyants ne reflètent pas la réalité. Rien ne vaut le concret. Vous devez vérifier in situ.

Ne vous isolez jamais du terrain, tel le monarque qui vit dans son donjon, loin de ses sujets, et qui prend ses décisions au vu des informations « remontées » par ses courtisans, plus ou moins bien intentionnés.

---

[2] Le terrain.

Une des principales différences entre une usine japonaise et une usine occidentale, c'est la taille de l'usine. En occident, nous avons toujours besoin de plus de place et nous pensons que plus nous en aurons, mieux nous travaillerons.

L'autre particularité de nos usines, c'est qu'il n'y a pas de mélange des genres : La production et les opérateurs sont dans un bâtiment, la direction et les chefs dans un autre.
Et si possible, les deux bâtiments sont éloignés l'un de l'autre.

Dans une usine japonaise, tout est concentré dans un seul bâtiment. La production, l'encadrement et la direction sont en contact permanent car il est important pour tous d'être en prise directe avec la réalité du terrain.

Voir et agir rapidement sont des éléments essentiels à la réussite du KAIZEN.

Dans votre entreprise, soyez un capitaine de navire ou mieux, un capitaine de voilier de course, sur le pont au milieu des hommes, capable de tout voir, de tout savoir, de décider, de faire faire et même de faire si besoin.

Soyez exemplaire pour que les collaborateurs s'identifient et soient motivés à vous accompagner dans le changement qui s'annonce.

Genchi Genbutsu[3]

Une fois sur le terrain, il faut observer la situation existante et analyser les pratiques actuelles pour comprendre. C'est ce que les japonais appellent le **Genchi Genbutsu.**

[3] Observer, analyser, vérifier soi-même sur le terrain.

Etre curieux, questionner les gens sur ce qu'ils font, pourquoi ils le font comme ça et pas autrement.

Il faut leur demander s'ils ont déjà réfléchi à d'autres façons de faire et si oui pourquoi ils n'ont pas changé leurs pratiques.

Telles sont les qualités à mettre en œuvre pendant le Genchi Genbutsu.

Dans le KAIZEN, on ne fait jamais d'économies sur les phases d'observation et d'analyse.

Même les petits changements et les plus petites avancées participent à l'amélioration continue.

C'est justement pour cela que beaucoup de gens passent à côté du progrès : Ils cherchent l'exceptionnel, le bond en avant. Le changement visible, la rupture.

Le KAIZEN, lui, n'a rien d'exceptionnel. Il est basé sur le bon sens commun et c'est ce qui fait sa force.

Pratiquer le KAIZEN, c'est chercher à gagner un peu mais tout le temps, plutôt qu'une fois beaucoup.

Ainsi le KAIZEN capitalise sur les acquis afin de ne jamais revenir en arrière.

Du Genchi Genbutsu à L'hélicostat (ancêtre de l'hélicoptère)

En 1921, Etienne Oehmichen, génial ingénieur français s'est pratiquement ruiné en inventant, en construisant et en pilotant lui-même ce qui était l'ancêtre de l'hélicoptère, l'hélicostat.
E. Oehmichen passait beaucoup de temps à se promener dans la nature car il aimait observer la faune et plus particulièrement tout ce qui volait. A cette époque, et après avoir essuyé de nombreux échecs, il observa le vol des oiseaux puis celui d'une libellule. Il s'inspira de l'architecture des ailes de cette dernière pour dessiner les pales de son appareil.
Voici donc un parfait exemple de Genchi Genbutsu.
Parce qu'il a observé et analysé directement sur le terrain, E.Oehmichen a fait une des plus importantes découvertes de l'aviation moderne. Il a terminé sa carrière en tant que titulaire de la chaire d'aérolocomotion mécanique et biologique au Collège de France.

Il suffit de voir les inventions qui viennent directement du terrain pour se convaincre que c'est la voie à suivre :

- les combinaisons des nageurs, directement inspirées de la peau des dauphins.
- les ultrasons des chauves-souris, à l'origine de la création de nos radars….

La pagaille dans le service des pièces
(épisode 2)

C'est la pagaille mais par quel bout commencer ?

Il faut classer les problèmes par ordre d'importance. Le principal souci est de dégager du temps au responsable du magasin pour lui permettre d'entrer en stock, le matin, les pièces arrivées la nuit. Il doit en même temps, fournir les pièces aux mécaniciens pour les voitures en attente.

Une journée entière dans le service est nécessaire pour observer la manière dont chacun travaille. Après cette journée d'observation, nous décidons ensemble de modifier la façon de faire, sachant que nous avons comme contrainte de « faire mieux avec ce que nous avons ».

Dans une journée type du responsable magasin, la période la plus calme se situe entre 14h00 et 16h00. Le groupe décide d'en profiter pour préparer les pièces nécessaires aux mécaniciens pour le lendemain matin. Ces commandes peuvent être préparées et mises dans des bacs (un par véhicule), car les rendez-vous étant pris à l'avance, nous connaissons exactement quelles pièces il faut préparer et pour quels clients.

Le résultat est immédiat, car après seulement quelques jours de mise en œuvre, les mécaniciens n'attendent plus leurs pièces et le responsable magasin peut sereinement entrer ses pièces en stock.
La paix est revenue entre le magasin, l'atelier et la réception.

(à suivre dans l'épisode 3)

Innovation technologique ou KAIZEN ?

L'innovation technologique

Il existe plusieurs manières de faire progresser une entreprise.

Dans notre culture occidentale, par exemple, l'innovation technologique est souvent privilégiée car nous pensons que pour progresser, nous devons prendre beaucoup de temps, beaucoup investir et surtout avoir tous les éléments en notre possession pour prendre une décision parfaite.

Cette pratique donne en général de grands résultats, quand tout commence à fonctionner. Mais avant, que s'est il passé réellement ? Nous avons mobilisé beaucoup de matière grise, investi beaucoup d'argent pour seulement commencer, plusieurs semaines voire plusieurs mois après le constat du dysfonctionnement initial.

En cas d'erreur lors de l'application des décisions, les conséquences ont toujours d'importantes répercutions. Les modifications sont longues et coûteuses.

De plus, comme le processus met du temps à se mettre en œuvre, une grande part de la motivation originelle s'est envolée.

Le KAIZEN en pratique

Avec le KAIZEN, vous mobilisez immédiatement les forces de l'entreprise avec pour objectif de faire mieux avec ce que vous avez. Les premiers résultats sont immédiats et surtout, en cas d'erreur, vous pouvez corriger tout de suite avec peu ou pas de conséquences. Chaque étape est consolidée avant de passer à l'étape suivante. Le coût financier est très faible et la motivation est soutenue.

L'innovation permet d'avancer à grands pas avec de grands risques, de grandes conséquences et de grands résultats. Alors que le KAIZEN avance à petits pas avec de petits risques, des petites conséquences et des petits résultats qui cumulés et mis bout à bout deviennent importants.
Un des principes phares du KAIZEN est d'agir immédiatement et sans attendre. On n'attend pas d'avoir l'ensemble de la solution pour agir. Si nous devons modifier nos actions, nous le faisons sans hésitation. Faire du KAIZEN c'est vivre une vraie leçon d'amélioration continue.

CHAPITRE 3

ET SI C'ÉTAIT LE « BON » TEMPS ?

« Pour gagner de l'argent,
investissons du temps »

LE TEMPS, C'EST PAS DE L'ARGENT...

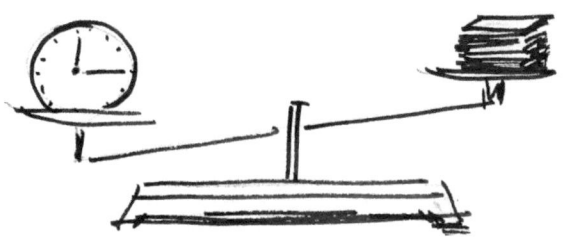

C'EST MIEUX QUE L'ARGENT

« Le temps c'est de l'argent », tout le monde le pense, tout le monde le dit mais tant que vous ne l'avez pas mesuré, vous ne connaissez pas sa valeur.

La notion du temps

Le temps ne change pas. Il y a toujours 7 jours dans une semaine, 24 heures dans une journée et 60 minutes dans une heure. On ne peut ni en ajouter, ni en enlever. On peut seulement l'économiser et mieux l'employer.

Les patrons, avant de commencer à faire du KAIZEN, nous disent souvent que le fait de mobiliser des collaborateurs pour le KAIZEN va priver leurs entreprises du temps destiné au programme et que ce temps, c'est de l'argent.

Ils ont raison sur la forme mais pas sur le fond, car il ne s'agit pas de perdre du temps, mais de l'investir. En effet, ce temps mobilisé sera récupéré et multiplié car le but du KAIZEN, c'est d'améliorer la façon de faire afin de rendre les tâches plus productives.

Comme il est facile de mesurer le temps passé pour le KAIZEN, il est tout aussi facile de mesurer le temps et l'argent gagnés par le KAIZEN.
La comparaison entre l'investissement temps consenti et les gains de productivité obtenus dès la mise en place du KAIZEN sont toujours une révélation.

Connaissez-vous le coût horaire moyen de vos salariés ?

Savez-vous combien d'heures ils perdent par année à chercher, à attendre, à se déplacer inutilement ou à respecter des procédures inutiles ou obsolètes ? Si vous ne le savez pas, faites une rapide estimation et vous obtiendrez, selon la taille de votre entreprise, des milliers d'euros, peut-être même des dizaines, voire des centaines de milliers d'euros évaporées par manque d'organisation.

Exemple à faire peur à un gestionnaire :

Dans une concession automobile, avec 8 mécaniciens, l'exemple est significatif.

Un constructeur a calculé que 22% du temps d'un mécanicien - lorsqu'il effectue une intervention sur un véhicule - est passé en déplacement, pour chercher un outil, pour demander un conseil, pour répondre à quelqu'un...

Pour 8 mécaniciens à raison de 7 heures par jour par 250 jours ouvrés cela fait 14 000 heures payées.

Les 22% de ces 14 000 heures font 3 080 heures passées en déplacement.

A un prix moyen de vente de 60 euros hors taxes de l'heure, le manque à gagner pour la concession représente 184 800 euros par an.

Si l'on décide d'agir pour en récupérer un quart, cela fait quand même 46 150 euros récupérés sur une seule année.

Imaginez le résultat sur plusieurs années.

La curiosité n'est pas un vilain défaut !

« Quand on ne sait pas où on va,
Il faut parfois savoir d'où on vient »
Proverbe arabe

L'expérience nous montre qu'il est rare qu'une situation problématique ait pour origine un seul évènement. C'est pourquoi, quand nous sommes confrontés à un problème, il est important d'en connaître toutes les origines et notamment l'origine première.

Pour cela, il existe une technique très simple : c'est la technique des **'5 pourquoi'**.
Faites l'expérience, vous constaterez que si vous posez 5 fois de suite la question pourquoi, vous finirez toujours par remonter à l'origine du problème.

La résolution du problème de la petite tâche d'huile est un exemple bien connu dans l'histoire du KAIZEN. Nous l'avons d'ailleurs personnellement vécu chez un client concessionnaire automobile.

Le problème

Dans la concession, sur un emplacement où est exposé un véhicule, il y a une petite tâche d'huile noire sur le sol.

Notre première réaction est de faire nettoyer cette tâche, supposant que son origine est accidentelle. Quelques jours plus tard, la tâche réapparait. Alors, nous décidons de mener l'enquête.

1er pourquoi :
- *Pourquoi y a-t-il de l'huile au sol ?*
- *Parce qu'elle vient des lattes du plafond* !

2ème pourquoi :
- *Pourquoi de l'huile tombe des lattes du plafond ?*
- *Parce qu'il y a un interstice entre deux lattes.*

3ème pourquoi :
- *Pourquoi de l'huile arrive-t-elle dans cet interstice ?*
- *Parce que l'huile coule du premier étage à travers le béton.*

4ème pourquoi :

- *Pourquoi y a-t-il de l'huile sur le sol du premier étage ?*
- *Parce qu'à cet endroit il y a la cuve de récupération d'huile usagée de l'atelier.*

5ème pourquoi :

- *Pourquoi y a-t-il de l'huile au sol à côté de la cuve ?*
- *Parce qu'à cet endroit, les mécaniciens branchent leurs fûts mobiles de récupération et que le système de branchement est défectueux.*

Décision :

Remplacer le système de branchement défectueux par un neuf.

Le problème est réglé, mais sans notre petite enquête :

- Combien de fois la tâche aurait elle été nettoyée sans chercher à savoir d'où elle venait ?
- Combien de temps aurait été perdu ?
- Combien de produits auraient été utilisés pour nettoyer ?

- Combien de fois les personnels se seraient-ils énervés les uns contre les autres à cause de cette tâche ?
- Combien d'autres travaux importants n'auraient pas été faits parce que le personnel aurait été occupé à nettoyer cette tâche ?

- Quel aurait été l'impact de la vision de cette tâche par les clients ?

…etc.

De l'importance de la question !

Quand on pose une bonne question, on obtient (parfois) une bonne réponse. Quand on pose une mauvaise question, on obtient (souvent) une mauvaise réponse.

Exemple :
La mauvaise question
- Qui a laissé les vannes ouvertes ? demande le capitaine qui cherche le responsable de cette humidité persistante à bord de son navire, alors que les poissons commencent à se promener dans les cabines et que le bateau s'approche de la vase pour devenir un rocher à corail.

La conséquence de cette mauvaise question est l'abandon du navire.

La bonne question
Qui peut venir m'aider à fermer ces vannes ?

La bonne réponse est l'arrivée des équipiers qui ferment les vannes et pompent l'eau.

Autre exemple :

Alors qu'il vient d'emménager dans son nouvel appartement, un propriétaire décide de tapisser son logement. Afin de gagner du temps et de l'efficacité - ce qui est KAIZEN – et sachant que tous les appartements de l'immeuble sont identiques, il se rend chez son voisin du dessus et il lui demande combien de rouleaux ont été achetés lorsqu'il a tapissé son propre appartement. *« J'ai acheté vingt et un rouleaux »* lui répond son voisin. Et voilà notre homme qui achète ses rouleaux et qui se rend compte, une fois tout tapissé, qu'il lui reste 5 rouleaux. Surpris de cette erreur, il retourne voir son voisin, pour comprendre la raison de cet écart. Quand il lui dit qu'il lui reste 5 rouleaux, le voisin répond simplement : *« Ah, vous aussi il vous reste 5 rouleaux ! »*

Ainsi la question d'origine n'aurait pas dû être « combien de rouleaux avez-vous achetés ? » mais plutôt « combien de rouleaux avez-vous utilisés ? ».

Réfléchissez aux situations de la vie courante auxquelles vous êtes confronté et vous constaterez que tout est dans la « bonne » question.

CHAPITRE 4

UN MENTAL SANS LIMITE

Peur du changement ou attrait de la nouveauté.

« La différence entre un adulte et un enfant,
c'est le prix de ses jouets »

Etre un enfant, c'est posséder cette spontanéité que n'ont plus les adultes qui sont « formatés » par l'éducation.
Cette spontanéité permet aux enfants d'être naturellement attirés par tout ce qui est nouveau. Un enfant ne connait pas le sentiment de honte et pose plein de questions sans crainte d'être jugé sur le niveau de son intelligence.
En tant qu'adulte, le sentiment de jugement par les autres est omniprésent et nous limite dans notre communication. En grandissant, notre éducation nous apprend à nous méfier de la nouveauté. Dans l'entreprise, quand la progression, le salaire, et le pouvoir sont en jeu, c'est pire.
Si nous vous disons que demain nous venons démarrer un vaste programme KAIZEN dans votre entreprise, la plupart des collaborateurs, et

vous le premier, aurez une attitude défensive. C'est une réaction tout à fait normale, car notre cerveau fonctionne ainsi.

Tout changement, positif à moyen terme, engendre de la peur à court terme.

Notre logique nous pousse à l'action, mais notre peur nous conduit à l'immobilisme.

Nous ne réfléchissons plus et il s'ensuit un blocage.

« Je sais ce que j'ai, même si ce n'est pas satisfaisant ».

Toute situation nouvelle, surtout si elle est proposée par quelqu'un d'autre, engendre du scepticisme. D'ailleurs, toutes les citations que nous lisons sur la nouveauté nous incitent à la prudence et au blocage de la situation.

- mieux vaut tenir que courir !
- Le connu rassure, l'inconnu effraie !
- Les conseilleurs ne sont pas les payeurs !
- Si c'était si facile, ce serait déjà fait !
- ...

« C'est l'instinct qui prime sur la réflexion »

Changement et estime de soi

De même, lorsqu'un objectif est très important et qu'il semble difficile à atteindre, il engendre découragement et démotivation.

L'expérience nous prouve qu'un objectif plus modeste s'atteint plus facilement. Nous sommes encouragés à commencer et surtout à continuer. La méthode des petits pas stimule la créativité et incite à l'action.

Le premier grand manager que vous avez rencontré, c'est probablement votre père. Souvenez-vous le jour où il a enlevé les roulettes stabilisatrices de votre petit vélo. Il est près de vous et vous demande de ne faire que quelques mètres. Et vous les faites. S'il vous avait dit de faire le tour du village dès le premier jour, vous auriez eu peur et vous ne l'auriez sûrement pas fait.

Le KAIZEN au service de votre santé

Faire du KAIZEN pour arrêter de fumer (complètement), faire un régime (perdre 10 kilos) ou faire du sport (2 heures par semaine) ?

Ces trois objectifs font peur parce qu'ils semblent si difficiles à atteindre que beaucoup d'entre nous se découragent avant même d'avoir commencé.

Si la difficulté est bien présente, c'est surtout l'objectif qui fait peur. Alors reconsidérez le et déterminez vous-même ce que vous êtes capable de faire maintenant, même si cela vous paraît très modeste, voire insignifiant à première vue.

Un ami nous a expliqué comment il est parvenu à courir 2 fois 30 minutes par semaine, alors que 6 mois auparavant, il ne pouvait même pas courir plus de 2 minutes sans être complètement essoufflé.

En fait, il a fait du KAIZEN sans le savoir. La première fois, il a couru à peine 2 minutes. Et à chaque fois qu'il s'en sentait capable, il augmentait son temps de seulement 30 secondes ou 1 minute.

Résultat : Aujourd'hui, il court 30 minutes sans s'arrêter.

Il y a 6 mois, s'il s'était fixé comme objectif de courir immédiatement 30 minutes, il n'y serait pas arrivé et aurait été complètement découragé.

Pour arrêter de fumer, commencez par réduire votre consommation.

Pour cela, coupez 5 millimètres de chaque cigarette. Vous ne vous apercevrez de rien en fumant et vous diminuerez de 10% votre consommation en une seule journée. Après, enlevez millimètre par millimètre et si besoin, faites vous aider par un praticien pour arrêter complètement. Quand vous ferez appel au praticien vous aurez déjà fait le plus dur. En effet, le plus dur, c'est de commencer.

Vous voyez que dans ces deux exemples, vous associez les notions que nous avons déjà abordées.

- La reconnaissance du problème
- La volonté de faire
- La fixation d'un objectif modeste et atteignable facilement.

Alors n'ayez pas peur de faire du KAIZEN.

Rampez, marchez, courez, foncez, faites comme vous voulez.
Mais allez-y, agissez !

Même pour 10% de l'objectif.

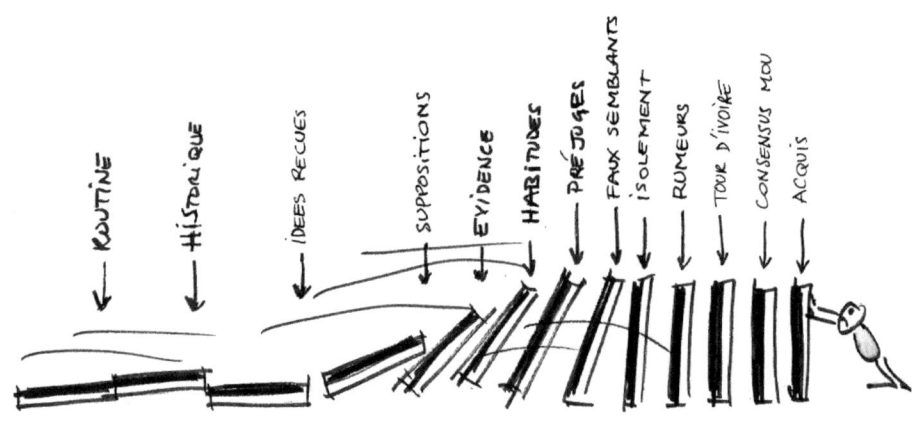

**Le droit à l'erreur, oui,
le droit à l'inertie, non !**

*« En essayant continuellement,
on finit par réussir.
Donc plus ça rate,
plus on a de chance que ça marche ».*
(Jacques Rouxel, les Shadocks).

Comme dans la religion catholique, qui nous dit que tout est parti de la « faute » originelle, le droit à l'erreur est un droit fondamental du KAIZEN.

En effet, en période de formation, de nouveauté, de mise au point, d'essai, l'échec permet d'avancer vers l'amélioration.

Dans l'industrie japonaise, lorsque vous présentez les résultats de votre programme KAIZEN, il est fréquent d'entendre le patron demander, combien de fois vous avez échoué ou recommencé pour réussir ?

L'un de nos amis, spécialiste du ski alpin et en charge des champions nous a dit une fois :

- « *Si tu n'es pas tombé du tout pendant ta semaine de vacances de ski, c'est que cette année tu n'as pas progressé.* »

L'échec est un signe d'action sur le chemin de la réussite.
Regardez l'apprentissage de la marche par nos enfants et vous saurez que nous avons raison.

Succomber au plaisir du changement

Comme nous l'avons déjà dit, il est très difficile de changer, surtout si l'on n'est pas <u>obligé</u> de changer. Tout un chacun préfère ainsi reproduire à l'infini un geste ou une attitude même insatisfaisants, mais <u>connus,</u> plutôt qu'une attitude meilleure (a priori) mais non expérimentée.

Et pourtant, quel plaisir de succomber au changement qui nous met au défi de trouver des solutions nouvelles et qui fait travailler notre intellect et nos neurones. Ce changement qui nous oblige à élaborer des théories, à tester des applications pratiques, à faire et à défaire, à aller vers les autres pour se confronter, demander des avis et des conseils. En un mot, ce changement qui nous fait vivre.
Vouloir vivre, c'est se condamner à changer.
La vie, c'est le changement à perpétuité.

Combien de fois avez-vous entendu, *« ça fait 50 ans que ça fonctionne sans n'avoir rien changé, alors nous n'avons aucune raison de changer notre façon de faire »*.

Demandez aux dinosaures ce qu'ils en pensent. Ils n'ont pas évolué et ils ont disparu.

Et pourtant, ils étaient plus grands, plus gros et plus forts que ne sont les hommes d'aujourd'hui.

L'avantage de l'homme sur le dinosaure, c'est sa faculté d'adaptation extraordinaire.

C'est sa capacité à apprendre, à analyser, à comprendre et à innover qui fait la force de l'homme.

Est-ce que c'est Internet qui révolutionne le monde ou l'homme qui révolutionne Internet ?

Il n'y aura plus de pétrole demain ? Gageons que l'homme saura trouver des solutions innovantes pour continuer à évoluer.

Vos concurrents sont plus performants que vous ?

Avez-vous suivi l'évolution de vos clients, les avez-vous écoutés, avez-vous adapté vos produits, vos offres ?

Vous êtes-vous formés aux nouvelles techniques commerciales ?

Les entreprises sont parfois comme les dinosaures. Elles ne changent pas, n'évoluent pas, disparaissent et sont remplacées par d'autres plus adaptées aux temps « modernes ».

Dans la philosophie KAIZEN, on entend souvent cette phrase :

« Fais-le mieux, améliore- le,
même s'il fonctionne bien.
Parce que si tu ne le fais pas,
tu ne pourras pas concurrencer
ceux qui le font »

Il est à noter que si nous appliquions quotidiennement cette maxime dans notre vie de couple, nul doute que nos relations en seraient d'ailleurs changées et notre qualité de vie fortement améliorée.

Le KAIZEN tout terrain

Le KAIZEN est comme un fleuve.

Comme un fleuve, il est en symbiose avec le terrain et il passe à l'endroit de moindre résistance. Comme le fleuve qui va à la mer, le KAIZEN aussi permet d'atteindre ses objectifs.

De la même façon que le fleuve qui, sur des milliers de kilomètres, est fait de méandres, le KAIZEN ne suit pas un chemin linéaire.

Le KAIZEN s'appuie sur le terrain qui lui donne donc l'impulsion.

Il peut subir le terrain par endroit et le façonner dans d'autres.

Parfois il peut aller vite, tout emporter sur son passage et aller plus lentement à d'autres moments. A l'instar de ce fleuve que rien n'arrête, il avance toujours.

Par rapport à la course du soleil dans le ciel, si la perspective d'un observateur est au niveau du fleuve, il peut penser qu'on s'éloigne par moment de l'objectif MER. Et pourtant si la perspective est aérienne, il voit bien qu'il n'en est rien. Si rien ne l'empêche d'aller tout droit, le fleuve va directement à l'océan. S'il faut contourner un obstacle, avoir plus de volume pour franchir un point haut, le fleuve trouvera un chemin.

Cette notion de perspective de l'observateur est très importante.

C'est la vision finale qui donne l'explication de l'instant.

> *« Quand le sage montre les étoiles,*
> *l'imbécile regarde le bout du doigt »*

Retour vers le futur

Posez la question autour de vous sur l'origine du classement des lettres sur le clavier des ordinateurs. Qu'aurez-vous comme réponses ?

- Que c'est AZERTYUIOP en Europe QWERTUIOP aux ETATS-UNIS.
- Que c'est Monsieur AZERTYUIOP qui a inventé le clavier
- Que ce clavier a fait l'objet de recherche sur l'ergonomie et qu'il permet de travailler vite et bien.

Et pourtant qu'en est-il vraiment ? Ce clavier, que tout le monde connaît est-il le plus adapté à notre monde fait de vitesse et de recherche de productivité ?

Eh bien la réponse est non !
Ce clavier est un non-sens au vu de l'évolution des techniques d'impression.

En effet, ce clavier a été conçu dans un temps fort reculé (en 1868) où les secrétaires tapaient sur des machines à écrire dont chaque lettre était placée à l'extrémité de petits marteaux.

C'est Monsieur Christopher Latham Sholes, qui inventa le clavier QWERTY - pour le compte de Monsieur Remington (créateur de ladite machine) - afin de réduire la vitesse de frappe. Oui, vous avez bien lu. <u>Réduire la vitesse de frappe</u>.

La raison en était simple. Lesdites secrétaires, tapant avec entrain et vivacité, finissaient par plier les petits marteaux sur toutes les lettres dont la fréquence de frappe était la plus grande. Le A, le Z, le E en Europe, le Q et le W en Amérique. Le remplacement de ces marteaux était source de soucis et de réclamations clients. Alors Monsieur Latham Sholes eut cette idée magique.

- Mettons sur la main gauche - si possible à l'extérieur - les lettres les plus fréquentes. La fatigue aidant, la vitesse diminuera et les marteaux auront le temps de revenir sans se croiser, donc sans se plier.

Ce qui est intéressant dans cette petite histoire, c'est qu'il n'y a plus de petits marteaux à plier dans les ordinateurs et les imprimantes modernes. La technologie a évolué au fil du temps.

Il y a eu la machine à boule, puis l'impression laser…

Pourtant l'ordonnancement des claviers continue à garder cette réminiscence du passé.

Quand on voit que bon nombre de personnes ne tapent encore qu'avec la main droite et que cette main doit traverser tout le clavier pour atteindre les lettres qui reviennent le plus souvent.
Combien de temps pourrait-on gagner si on replaçait ces lettres dans un ordre plus « efficace » ? Combien de milliards de secondes seraient économisés dans le monde par tous les utilisateurs d'ordinateurs ?

Cette anecdote n'a d'autre ambition que de mettre en perspective les actions que nous menons au quotidien, sans même nous en rendre compte, et sans jamais remettre en question leur bien fondé.

Tel tableau que nous remplissons toutes les semaines depuis des années a-t-il encore une vraie utilité ?
Comment font les autres, ici et ailleurs ?
Y a-t-il plusieurs chemins ?

Pourquoi des « choses » qui n'ont pas fonctionné à l'époque ne fonctionneraient-elles pas aujourd'hui ?

Ai-je posé une question aujourd'hui qui m'a appris quelque chose ?

Non ?

Alors vivement demain !

Eloge aux fainéants

Alexandre le bienheureux

Tout bon employé qui veut faire du KAIZEN doit avoir vu au moins une fois dans sa vie ce film qui nous montre Philippe NOIRET, notre acteur national, allongé dans son lit, avec à portée de main tout ce dont il avait besoin pour passer un agréable moment.

Par un jeu de cordages et de ficelles habilement conçu, il pouvait à tout moment, faire monter un saucisson et descendre une miche de pain.

Tout était à portée de main, qu'il s'agisse de victuailles ou d'outils.

L'effort à fournir était réduit à son strict minimum, pour un résultat maximalisé.

Le KAIZEN n'a pas d'autre objectif que de maximaliser le résultat pour un effort (un investissement) le plus minime possible. Ne critiquez pas les fainéants qui ont souvent d'incroyables idées et stratégies pour travailler sans effort. Ces fainéants chroniques peuvent être votre source de profit de demain.

Les nouveaux magasins, dont le métier consiste à faire de la distribution auprès du grand public, sont en train de muter vers des modèles d'organisation de ce type.

Prenons l'exemple d'une tringle à rideau que vous voulez poser. Pourquoi aller dans chaque rayon pour trouver, dans l'un, la tringle, dans l'autre, les vis, dans le troisième, le tournevis…etc. ?

Alors que si vous avez tout sous la main, dans le même rayon, vous améliorez votre rendement.

Certains modèles informatiques, pour les fournitures de bureau permettent également à des téléprospecteurs efficaces de faire un maximum de profit tout en diminuant l'effort de vente.

Il suffit simplement de relier les choses entre elles.

Qui achète du carton a sans doute besoin d'adhésif pour le fermer.

Qui achète des cartons à besoin de palettes pour le stockage et sans doute de cerclage pour les fixer.

Il suffit de relier les éléments entre eux et les affaires se font...

… presque sans effort !

CHAPITRE 5

TOUS GAGNANTS

De l'œuf ou de la poule, de la méthode au résultat

Dans le KAIZEN, la méthode importe souvent plus que le résultat

Cette phrase peut paraître choquante et pourtant, quand on y réfléchit bien, elle est pleine de bon sens. Combien de chefs d'entreprises ont pris d'importantes décisions pour l'avenir de leurs sociétés, en y mettant des moyens considérables, mais en ayant oublié l'essentiel : LA METHODE.

Dans beaucoup d'entreprises, chacun travaille dans son coin sans se soucier de ce que fait son voisin, alors qu'il travaille peut-être sur le même projet.

Les entreprises ont besoin de fournisseurs qui leur livrent des produits ou des matériaux, mais elles ont aussi besoin de collaborateurs pour faire le travail et de clients pour acheter.

Cependant, il est étonnant de constater, tous les jours, à quel point tout ce petit monde peut vivre aux dépens les uns des autres alors qu'en fait, tous ont besoin des uns et des autres.

Il ne faut pas qu'il y ait de perdant dans cette chaîne sans fin. Chacun doit gagner quelque chose sous peine de blocage du processus.

Il faut fournir aux clients ce qu'ils veulent au bon prix, au bon moment et au bon endroit. Mais il faut aussi que les collaborateurs puissent faire leur travail dans de bonnes conditions, que l'entreprise ait une bonne rentabilité et que les fournisseurs soient payés à temps.

C'est la recherche du gagnant, gagnant, gagnant, gagnant…

Avez-vous la culture du gagnant[4] ?

---

[4] Page 103, petit exercice KAIZEN

La double vision des collaborateurs

« On va toujours plus loin quand on ne sait pas où l'on va » disait Rivarol
(écrivain français XVIIIème siècle),
mais
« On risque surtout d'aller n'importe où »
disent Pierre Charraud et Daniel Cissé.
(consultants français XXIème siècle)

Pour que des collaborateurs soient motivés, ils doivent si possible avoir les mêmes valeurs que leur patron, mais surtout ils doivent partager la même vision du but poursuivi.

Dans une entreprise, le patron n'a pas la même échelle de temps, ni les mêmes préoccupations, que ses collaborateurs. Il est dans le long terme. Par sa fonction, il doit avoir une vision à 5 ans. Il doit savoir où il veut mener son entreprise à moyen et long terme et ce qu'il veut en faire. Cette vision, il doit la partager avec ses collaborateurs afin de donner du sens dans leurs actions quotidiennes. Savoir donner du sens, c'est surtout donner un sens d'action aux collaborateurs. Ce sens, c'est la direction que le manager veut qu'ils suivent. Et leur donner la direction, celle que les collaborateurs vont considérer comme « bonne », pour eux et pour l'entreprise, est **le** challenge du manager.

Maintenant que les collaborateurs savent où ils vont, ils peuvent comprendre l'impact de leur travail dans le processus complet et pas seulement avoir une vision parcellaire de leur travail.

Voilà pourquoi dans le cadre d'un projet KAIZEN, tous les collaborateurs sont informés et ceux qui constituent l'équipe participent à l'ensemble du KAIZEN et pas seulement à une partie.

Un projet KAIZEN amène les gens à travailler ensemble vers le même objectif, qu'est l'amélioration.

Faire du KAIZEN, c'est chercher l'évolution, pas la révolution.

Etre engagé dans un processus KAIZEN, c'est être équipier sur un voilier en course. Comme cet équipier, c'est savoir que chacune de nos actions contribue à l'amélioration de l'ensemble de la marche du bateau.

Comme cet équipier partage la vision globale – gagner la course – avec ses partenaires et son capitaine, il agit au mieux. Comme il veut gagner et faire gagner le bateau, il est complètement investi dans le projet. De spectateur, il devient acteur. En course pour les premiers rôles.

De la responsabilité de chacun à la responsabilité collective

Mauvaise information = rumeur
Mauvais produit ou service = erreur

Quand une mauvaise information (ou produit) passe de services en services jusqu'au client, il en résulte une mauvaise qualité finale et le client en pâtit.

Bien sûr, il subit la mauvaise qualité de la prestation mais surtout, il s'en souvient : Il le dit à l'entreprise (parfois), mais aussi à ses amis (toujours).

Si cette qualité défaillante n'est pas signalée, sur la chaîne de production ou par le client final, rien ne change et la qualité de production se dégrade petit à petit.

Les conséquences sont alors dramatiques : La qualité baisse, la satisfaction baisse, la rentabilité baisse, et la motivation aussi.

Transmettre une erreur – sciemment - c'est comme laisser rouler une petite boule de neige du haut de la montagne ou lancer un boomerang sans faire attention.

La responsabilité KAIZEN, c'est de faire la chasse à l'erreur, tout au long de la chaîne de valeur.
Cette notion de responsabilité est au cœur du processus KAIZEN.

Un pour tous, tous pour un !

Concerné et Engagé

Lors d'une conférence à laquelle nous assistions, l'intervenant avait bien imagé la différence qui existe entre être concerné et être engagé. Cette différence convient tout à fait à celui qui fait du KAIZEN.

La différence entre Concerné et Engagé, c'est comme les œufs au bacon. Dans les œufs au bacon, la poule est concernée. Le cochon, lui, est engagé.

Faire du KAIZEN, c'est s'engager. Ce n'est pas simplement être concerné. C'est dans cet état d'esprit que les collaborateurs doivent s'investir dans le projet KAIZEN.
Faire du KAIZEN dans une entreprise, c'est contribuer à l'amélioration de tout le processus, des hommes et des méthodes.

Petite histoire qui a mal tourné

Un conseiller commercial vend un véhicule neuf à Monsieur Dupond qui est très content de son acquisition. Au moment de quitter la concession, il demande au vendeur de faire poser un attelage qu'il paiera à la livraison de la voiture. Le vendeur lui promet que ce sera fait.

Et c'est à ce moment précis que les problèmes commencent.

Au lieu de le promettre, le vendeur aurait dû prendre le temps, avec son client, de revenir à son bureau et d'ajouter à la commande le fameux attelage.

Or, le vendeur est accaparé par un autre client et oublie de noter la modification de la commande.

Il transmet la commande au chef des ventes avec l'erreur, qui lui même la donne à l'assistante commerciale qui procède à la saisie. Bien sûr l'erreur est toujours « vivante ».

Quelques semaines plus tard, la voiture arrive. Elle est superbement préparée pour la livraison et elle est contrôlée avant la livraison. Mais l'erreur est toujours « vivante » quand le client arrive.

Monsieur Dupond, ravi de prendre livraison de sa nouvelle voiture, a pris une demi-journée sur son temps de travail pour un tel événement.

Quand il s'aperçoit que l'attelage n'est pas monté, il comprend qu'il ne pourra pas attacher sa remorque comme il l'a prévu pour partir en vacances le lendemain.

La déception est immense et la fête est gâchée. L'image de professionnalisme qu'il avait de son concessionnaire vient d'en prendre un « sacré coup » et il ne manquera pas d'en parler à ses amis. La confiance qu'il avait en son concessionnaire vient de sombrer. Cette confiance si durement acquise par le concessionnaire au fil des années vient de s'envoler. Tout cela à cause d'une erreur qui a été transmise et qui a voyagé dans tout le processus de la concession sans être décelée.

Après cette mésaventure, que se passe-t-il dans la concession pour que cela ne se renouvelle pas ? Très souvent rien et l'incident se reproduit régulièrement sous une forme ou une autre, à n'importe quelle étape du processus.

A chaque pot son couvercle

La solution pour limiter, voire supprimer la transmission des erreurs est en amont du processus. Elle réside en un engagement très fort mais également très simple de l'ensemble des participants. S'il devait n'y avoir qu'un principe à prendre dans le KAIZEN, ce serait celui-là : le JIDOKA[5].

Le Jidoka, c'est l'engagement de ne jamais transmettre une mauvaise information, un mauvais produit ou service à l'étape suivante.

Dans le KAIZEN, on ne doit pas transmettre, ni accepter sans le signaler, le produit ou service qui arrive du précédent collaborateur s'il comporte une erreur visible ou connue.
Chaque collaborateur a le devoir et surtout le pouvoir d'arrêter le processus pour régler le problème. La qualité est ainsi garantie et les coûts sont nettement réduits.

---

[5] Jidoka : Engagement à ne jamais transmettre une erreur

Dans les usines de construction automobile occidentales, des ingénieurs, des chefs et des gens importants conçoivent les chaînes de production. Dans ces usines, il est impensable qu'un simple opérateur puisse, de sa propre initiative, arrêter cette merveilleuse machine à produire. Dans le même ordre d'idée, il est assez rare qu'on demande l'avis des opérateurs pour améliorer des éléments de la chaîne de production, alors qu'ils sont évidemment les mieux placés pour « doper » le processus.

Dans les usines Toyota, il existe tout au long de la chaîne un cordon appelé ANDON. Ce cordon permet à un simple opérateur d'arrêter la chaîne s'il détecte un problème ou une anomalie. C'est un devoir de tirer sur ANDON. Que se passe-t-il alors ? Le chef du secteur et des techniciens arrivent et identifient le problème. Ils le règlent et seulement après, la chaîne redémarre. L'utilisation de ce cordon a pour conséquence de ne pas transmettre une erreur ou un problème d'un poste à l'autre et ainsi la qualité progresse.

Porsche et le savoir-faire japonais

Pourquoi les Porsche ont-elles toujours été d'une qualité irréprochable ? Pendant plus de quarante ans, chaque véhicule sortant de chaîne avait toute une série de problèmes que les techniciens Porsche, grâce à leur savoir-faire, reprenaient un à un pour réussir à livrer un véhicule parfait.

Le coût de la qualité était exorbitant mais chez Porsche, nul ne s'en souciait, car la marque gagnait beaucoup d'argent.

La crise que traversa Porsche au début des années 90, obligea la marque à reconsidérer les coûts importants liés à la mise à niveau de qualité des véhicules en sortie de chaîne.

En effet, lorsque W. Wiedeking arriva chez Porsche, il commanda une enquête sur le coût des reprises de qualité, du début de la fabrication en usine jusqu'à la livraison en concession.

Le résultat fut impressionnant.

Il fut prouvé que pour un défaut réglé sur le poste de travail, le coût était de 1 mark alors qu'il était de 10 marks lorsqu'il était traité en fin de chaîne.

Le traitement de ce même défaut s'élevait à 100 marks s'il était traité par le service qualité avant la sortie d'usine et à 1 000 marks chez le concessionnaire.

Des cadres et des employés de Porsche visitèrent alors les usines automobiles au Japon et mirent en place le JIDOKA.

C'est ainsi qu'en juillet 1994, pour la première fois, une Porsche sortit de l'usine sans aucun défaut.

Pour le client, les voitures ont toujours été irréprochables, ce qui avait fait la renommée de la marque, donc pour eux, rien n'avait changé. Pour Porsche, au contraire, il était vital de tout changer sous peine de disparaître.

IL faut parfois que tout change, pour que rien ne change !

Qualité chérie ou chère qualité ?

Pourquoi certains patrons pensent-ils que la qualité est synonyme de dépenses, alors que la qualité est synonyme de mieux faire et de rentabilité.

Cost killer = qualité killer ?

Chercher à faire des économies pour des économies engendre ce que nous appelons les 'fausses économies'.
Si les moyens sont négociables, donc sources de dépenses ou d'économies, la qualité, elle, n'est pas négociable.

On peut prendre le parallèle de la formation.
Comme dit la citation :
« Si vous trouvez que la formation coûte cher, essayez l'ignorance. »

Bien évidemment, l'ignorance coûte plus cher que la formation car elle nous fait faire et refaire les mêmes erreurs à l'infini.
Il est en de même pour la non-qualité.
La non-qualité coûte extrêmement cher à l'entreprise. Elle coûte cher en temps, en argent, en motivation, en estime de soi et en image.

Souvenez-vous de la mésaventure de Monsieur Dupond, qui le jour de la livraison de sa voiture s'aperçoit qu'il manque l'attelage.

La non-qualité a évidemment coûté cher au concessionnaire en coût direct d'abord car pour compenser la déconvenue de son client il a dû faire un rabais supplémentaire dont le montant est facilement mesurable.

Cette non-qualité lui a surtout coûté cher ensuite sur les coûts masqués, dont on ne tient souvent pas compte.

Ces coûts masqués, ce sont ces coûts indirects et difficilement mesurables qui pénalisent la rentabilité. En effet, malgré la compensation financière, ce client ne reviendra peut-être pas et il déconseillera ce concessionnaire à ses relations.

Alors oui, en coût global, la « non-qualité » coûte très cher.

Des Hommes de valeur

Qu'est ce que la valeur ?
La valeur est déterminée par le client.
La valeur, c'est avoir le bon produit ou le bon service, au bon moment, au bon prix et au bon endroit.
Le client paie lorsqu'il reconnaît qu'il reçoit quelque chose qui a de la valeur pour lui.
Cela peut être ce que l'on va lui livrer - par exemple son nouveau bateau - le jour prévu, avec les accessoires choisis et au bon port.
Il est à noter que le client a parfois du mal à percevoir la valeur alors qu'il perçoit immédiatement la non-valeur.

Qui crée la valeur ?
C'est l'entreprise qui crée la valeur en faisant tout ce qui est nécessaire pour que le client accepte de payer le prix demandé.

Qu'est ce qui ne crée pas de valeur ?
C'est le temps que perdent les collaborateurs à chercher, à attendre et à refaire. Ce sont toutes ces erreurs qui obligent le client à revenir plusieurs fois pour déposer des papiers pour immatriculer son bateau ou faire son dossier de crédit.

Tout cela ne génère aucune valeur pour le client mais coûte de l'argent à l'entreprise et au client.

Regardez comment cela se passe dans votre entreprise et vous allez très certainement trouver des pistes d'amélioration très rapidement.

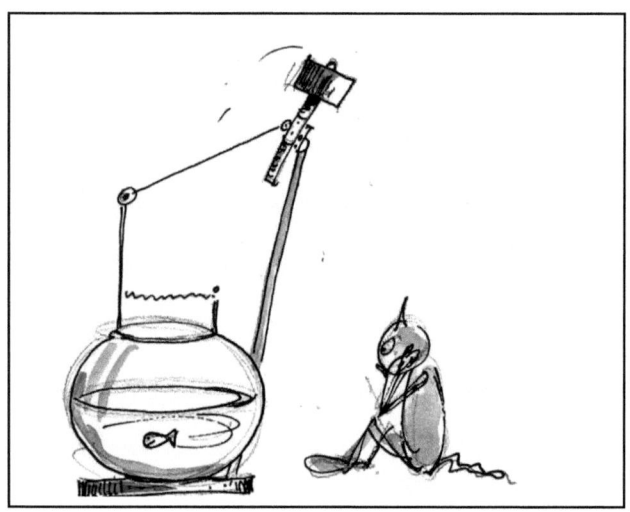

La chasse à la « non-valeur » ou Muda[6] « buster ».

Le KAIZEN est parfois présenté comme l'élimination de la non-valeur, c'est-à-dire éliminer tout ce qui peut engendrer du gaspillage, appelé plus communément en langage KAIZEN : « Le Muda ». Tout ce qui ne crée pas de valeur est Muda. Tout ce temps perdu à attendre, chercher, transporter, se déplacer inutilement, refaire, stocker, etc, sont des Mudas.

Faire du KAIZEN, c'est haïr les Mudas.
Faire du KAIZEN, c'est rechercher le geste juste et le juste effort.
Le Muda est un monstre qui dévore l'énergie, la motivation, l'argent et à terme, l'entreprise.
Les chasseurs de Mudas savent traquer la non-valeur où qu'elle soit.

---

[6] Muda : gaspillage

<u>Exemple :</u>

Souvenez-vous (page 39) de notre atelier de mécanique avec ses 8 mécaniciens. Tous les matins, dès que les voitures arrivent, ils vont au magasin de pièces détachées, donnent leurs bons de commandes de pièces et attendent en moyenne 15 minutes chacun. Ces 15 minutes sont Muda car elles ne génèrent aucune valeur, que ce soit pour les mécaniciens, l'entreprise ou les clients. Ces 15 minutes multipliées par 8 mécaniciens et par 250 jours ouvrés représentent 500 heures perdues. A un prix moyen de vente de 60 euros hors taxes de l'heure, cela représente 30 000 euros de manque à gagner pour l'entreprise. Si ces heures perdues étaient correctement utilisées, elles génèreraient du chiffre d'affaires et permettraient de réviser plus de voitures en une journée, donc de donner des délais plus courts aux clients. Les mécaniciens ne travailleraient pas plus vite pour rattraper le retard et la satisfaction client progresserait.
Donc la qualité ne coûte pas forcément plus cher mais elle rapporte sûrement plus.

L'ouverture de la chasse aux Mudas (épisode 3)

Dans l'épisode 2, nous avons commencé la chasse aux Mudas en employant une plage horaire plus libre (14h-16h) pour préparer les pièces des rendez-vous du lendemain. La dernière étape doit nous mener plus loin en gagnant du temps et des efforts, en modifiant l'agencement du magasin de stockage. L'équipe KAIZEN analyse la fréquence des sorties de pièces du magasin, c'est à dire, quelles sont les pièces les plus demandées et celles à éliminer. Il faut aussi penser à l'ergonomie pour limiter la manutention des pièces les plus lourdes. L'équipe dessine alors un plan du magasin et implante les rayons en fonction des critères déterminés (fréquence et ergonomie).

Le résultat est impressionnant :

- Réduction de 40% de la surface de stockage

- Réduction de 50% de valeur du stock

- Réduction des efforts et des déplacements permettant de trouver n'importe quelle pièce en seulement quelques secondes.

(à suivre dans l'épilogue)

La visseuse la plus chère du monde !

Sur un chantier, un ouvrier s'aperçoit qu'il n'a pas de visseuse. Il appelle son patron pour lui demander l'autorisation d'en acheter une. Face à l'urgence, le patron accepte. L'ouvrier abandonne le chantier pour récupérer un bon d'achat au service comptabilité, puis va chercher une visseuse à 120 euros chez le fournisseur. Cela lui a pris 2 heures de son temps.

Quel est le prix réel de la visseuse ?

120 euros ou plus ?

120 euros auxquels il faut ajouter :
- 2 heures de travail perdues (100 €)
- le dérangement à la comptabilité (30€)
- les kilomètres parcourus (30 €)
- le temps perdu à prévenir le client du retard (25 €)
- le temps et le déplacement pour revenir sur le chantier le lendemain (150 €).

Soit un total de 455 € minimum, ce qui fait cher la visseuse.

Cette histoire devient dramatique pour cette PME lorsque le patron s'aperçoit que 28 visseuses en parfait état de fonctionnement sont comptabilisées en amortissement alors que 20 suffisent amplement au vu de la charge de travail.

Le système à fabriquer de la « non-valeur »

L'exemple de la visseuse illustre parfaitement le fait que si nous ne savons pas où se trouvent les outils (idem pour les informations), on perd du temps à chercher, à se déplacer, à attendre et au final, tout ce temps coûte beaucoup d'argent.

Cela engendre de la pénibilité et de l'énervement. La conséquence est que la motivation baisse, les collaborateurs sont payés à faire autre chose que leur métier et la qualité due au client en pâtit.

La démonstration est faite. La qualité ne coûte pas forcément plus cher mais elle rapporte sûrement plus.

Que feriez-vous à la place du patron de cette PME ?
Allez-vous réunir les 40 personnes de l'entreprise pendant 15 minutes soit 10 heures pour leur expliquer que la visseuse vaut 455 € auxquels il faut ajouter les 10 heures (10 x 50 euros) que représente la réunion ?
Ou vaut-il mieux ne rien dire et continuer d'acheter régulièrement des visseuses à 455 € ?

Pas vu pas pris, pas vu pas appris

« Le DIRE fait rire, le FAIRE fait taire »

Une formule telle que « Je fais ce que je dis et je dis ce que je fais », est tout à fait admirable comme ligne de conduite. Malheureusement, nous connaissons plus de gens qui le disent que de gens qui l'appliquent vraiment et notamment à eux même.
Alors si vous voulez que l'on vous croie, dites : « je fais ce que je dis, je dis ce que je fais **et en plus je le montre** ». En effet, toute la différence est de <u>montrer</u> pour que les gens <u>voient</u>.

Dans le KAIZEN, on reconnaît les problèmes et on les rend visibles.
L'étape qui suit l'observation sur le terrain, l'analyse puis la décision de faire est de rendre visible les actions et les résultats. S'il est important pour tous les collaborateurs de bien visualiser l'ensemble du processus et non une petite partie, il est indispensable que tous puissent visualiser les objectifs, l'avancement du processus et les résultats obtenus au fur et à mesure.

Le KAIZEN s'applique très bien aux réunions d'équipe.

Au fur et à mesure de l'avancement de la réunion, il est intéressant de coller au mur les feuilles du paper board utilisées. Ainsi, chacun peut se rendre compte de l'évolution de la réunion et des étapes par lesquelles les participants sont passés pour prendre leurs décisions.

Si quelqu'un arrive en cours de réunion, il est plus rapidement informé, car il lui suffit de suivre visuellement ce qui s'est passé.

On ne perd pas de temps à lui refaire un compte rendu.

On ne fait pas perdre 10 minutes à 10 personnes soit 100 minutes pour faire une synthèse de 10 minutes à 1 personne.

De plus, en fin de réunion, les participants ont l'impression d'avoir bien travaillé car ils ont sous les yeux le fruit de leurs réflexions.

Leur motivation n'en est que meilleure.

Laisser les feuilles sur le paper board n'est pas KAIZEN.

Les mettre au mur est KAIZEN.

CHAPITRE 6

SIX MILLIARDS DE TERRIENS…
…ET MOI ET MOI ET MOI

« Un égoïste ?
C'est quelqu'un qui ne pense pas à moi »
(Eugène Labiche)

Coupe du monde de football 98 :
- 60 millions de sélectionneurs en France.
- 24 joueurs
- 15 compositions d'équipe différentes
- Des milliers d'avis divergents
- Des millions d'euros gagnés (ou dépensés) en communication.

L'individualité est évidemment mal considérée dans notre société. Pourtant, c'est la caractéristique première qu'on prête aux Français. C'est « l'exception française ».
L'égoïsme est toujours un travers reproché aux autres. On préfère louer le groupe et l'esprit d'équipe. Il n'empêche qu'un bon groupe, c'est un assemblage d'individualités aux qualités complémentaires. Prenez une équipe de foot ou de n'importe quel autre sport collectif et vous constaterez rapidement que si vous n'avez que des attaquants, vous tremblerez chaque fois que votre équipe n'aura pas le ballon.

De même, un groupe ne fonctionne que s'il y a un chef capable de révéler les individualités et surtout si les règles sont comprises et acceptées par tous.

C'est une des difficultés d'application du KAIZEN. Chacun pense qu'il a la meilleure solution, voire même, la seule possible.
Le challenge, c'est de réussir à faire travailler les personnes sur des standards communs. Quand il n'y a pas de standards, il y a autant de règles que d'individus.
Les sports qui sont aujourd'hui universels sont ceux qui ont réussi à uniformiser leurs standards.

Si vous voulez devenir champion du monde de sport, rien n'est plus simple. Inventez un sport avec des règles que vous êtes le seul à appliquer et disqualifiez tous les autres participants.
Vous serez champion du monde, mais cela n'aura aucune valeur.

Si vous voulez que cela ait de la valeur, partagez les standards à plusieurs et devenez les meilleurs.

« *La sagesse de 10 est plus importante que les connaissances d'un seul* »
(Commandement KAIZEN).

Lors d'un KAIZEN dans un village de vacances, l'analyse des enquêtes de satisfaction client, montre que seulement 49 % des gens sont très satisfaits de la propreté du logement à leur arrivée.

Nous demandons alors à la responsable d'équipe – elle-même femme de ménage - comment elle procède pour transmettre les consignes à l'équipe des 10 femmes de ménage ?

Elle nous dit qu'elle leur communique oralement en début de saison, l'ensemble des tâches, sachant qu'elle s'adresse à des professionnelles.

Après discussion et analyse, elle admet que si les clients ont chacun une perception personnelle de la propreté, il en est sans doute de même pour toute son équipe.

Par conséquent, nous retrouvons dix façons de faire le ménage et dix niveaux de propreté différents.

Sur nos conseils, elle crée des standards de propreté avec un niveau très élevé, l'objectif étant d'avoir 70% de clients très satisfaits en fin de saison.

Lors de l'arrivée de l'équipe en début de saison, les remarques des femmes de ménage sont les suivantes : « c'est plus rassurant d'avoir des standards, on n'a pas de risque d'erreurs ou d'oublis et moins de perte de temps ».

Ces standards sont plastifiés et chaque collaboratrice coche avec un feutre effaçable chacune des tâches qu'elle vient d'effectuer. Ainsi, il n'y a effectivement plus de risque d'oubli et surtout cela permet à la chef d'équipe de faire des contrôles objectifs sur des critères précis et univoques.

L'implication d'une équipe permet de créer des standards parfaitement adaptés à la réalité du terrain.

Les clients, les collaborateurs et l'entreprise, sont tous gagnants.

CHAPITRE 7

L'HISTOIRE SANS FIN

Comme nous l'a dit l'un de nos clients avec qui nous échangions sur le KAIZEN :
« Finalement le KAIZEN c'est comme un requin ; s'il s'arrête, il meurt ».

Et l'image, même si elle est dure à assumer, est assez parlante. Au même titre que le requin, qui se trouve obligé de bouger tout le temps - même quand il dort sous peine de mort - le KAIZEN ne vit que par le mouvement perpétuel.

Il est comme ce fleuve - ou mieux ce cycle de l'eau - qui jamais ne s'arrête, ni le jour, ni la nuit, quels que soient les pays ou les continents irrigués.

Le KAIZEN n'a ni frontière ni nationalité. Il existe parce que l'homme veut améliorer son existence et parce qu'il veut obtenir plus en (se) dépensant moins.

Alors que nous écrivons ce livre, la planète traverse une crise économique sans précédent et beaucoup d'entreprises voient leurs parts de marché baisser, leurs ventes et leurs chiffres d'affaires diminuer.

Quand les conditions économiques sont défavorables et que les ressources externes baissent, il est indispensable de trouver de nouvelles sources de profit.

Ces sources sont internes aux entreprises.

En éliminant tous les mudas et ces fausses économies qui coûtent si cher, nous pouvons augmenter la productivité, baisser les coûts et pérenniser les entreprises en faisant progresser leur rentabilité.

Le KAIZEN est une course à étapes qui jamais ne s'arrête.

Petit exercice KAIZEN à faire chez vous[7]

La situation
Prenez une famille type avec deux enfants de 15 et 20 ans. Le lieu du « crime », c'est la maison.

Le problème
La maison est trop petite et après avoir observé et analysé la situation, deux idées émergent.

Les idées
La première est de déménager pour un logement plus grand. Cela demande d'investir plus d'argent et surtout nécessite beaucoup de temps avant de bénéficier du changement.

La deuxième est de faire du KAIZEN. Le coût sera très faible et le résultat immédiat.

Dans l'esprit KAIZEN, quand vous êtes confronté à une situation nouvelle, la réaction logique est de se dire : « comment pouvons nous faire mieux avec ce que nous avons ?».

---

[7] Usage simplifié de la technique des 5 'S'

La solution
Faire mieux avec ce que l'on a.

Les ingrédients
Acheter entre 20 et 30 cartons (format déménageur – livres-), du ruban adhésif, un gros marqueur, 10 sacs-poubelles de 100 litres (coût : 60 euros).

L'équipe dans l'action.
Vous devenez l'agent de changement.
Toute la famille est mobilisée, chacun à son poste dans sa chambre et le bureau, avec pour objectif de mettre dans les cartons tout ce qui ne sert plus, qui prend de la place pour rien et que malgré tout on ne veut pas jeter.
Notez sur chaque carton le prénom du propriétaire et tout ce qu'il y a dedans.
Jetez ou donnez tout ce qui ne doit pas être conservé.

Le Bilan

- Si vous remplissez moins de 5 sacs-poubelles et moins de 10 cartons, soit vous faites déjà du KAIZEN sans le savoir, soit vous avez encore des progrès à faire.
Mais vous avez fait le plus important ; prendre la décision et faire adhérer l'équipe.

- Si vous remplissez de 5 à 10 sacs-poubelles et de 10 à 30 cartons, vous êtes sur la bonne voie, continuez…

- Si vous remplissez plus de 10 sacs- poubelles et plus de 30 cartons, félicitations, vous devenez un expert.

Pour finir l'action KAIZEN, les cartons vont directement dans le garage ou le grenier où vous avez également fait un programme KAIZEN.

Dans un an, vous verrez que probablement, vous n'aurez pas eu besoin du contenu de ces cartons.

Cependant, si vous aviez besoin d'objets stockés dans les cartons, vous les trouverez facilement puisque vous les avez classés.

Ensuite, nous vous conseillons de faire de même dans la cuisine et toutes les autres pièces.

Dans le meilleur des cas, vous êtes prêt à organiser une brocante et à recommencer.

Dans le pire des cas, appelez-nous.

Spirale descendante ou spirale ascendante

Augmenter la productivité ne veut pas dire qu'il va falloir courir dans les ateliers et les bureaux, ni serrer les boulons plus vite. Par-contre, éliminer tout ce qui fait perdre du temps comme attendre, se déplacer pour chercher des outils que l'on pourrait mettre à proximité ou simplement chercher ces mêmes outils parce que nous ne savons pas où ils sont, ça c'est augmenter la productivité.

Toute personne, qui fait un peu de bricolage, applique sans le savoir les règles de base du KAIZEN.

Quand elle va acheter les fournitures et les outils nécessaires pour travailler, elle réfléchit préalablement et fait une liste afin de ne pas avoir à retourner 10 fois au centre commercial pour combler ses oublis. Ainsi, le temps est utilisé à travailler et non à conduire, à changer de vêtements ou à se laver les mains et les outils…

De la même façon, lorsqu'il s'agit de peindre un plafond, il est normal de poser le pot de peinture sur le haut de l'échelle afin de limiter le déplacement entre le rouleau et le plafond.

Il ne viendrait à personne l'idée de descendre de l'échelle à chaque fois qu'il doit tremper le rouleau dans le pot, tout simplement parce que ledit pot est posé par terre.

Tout cela est d'une logique imparable. Alors pourquoi cela n'est-il pas appliqué plus souvent ? Combien de commerciaux font la « marguerite » lors de leurs déplacements en clientèle – c'est-à-dire qu'ils reviennent chaque fois au bureau entre deux rendez-vous.

Dans le même ordre d'idée, la mode est aux imprimantes partagées. Le principe en est simple : sachant qu'un matériel peut servir à plusieurs personnes, il peut être intéressant, en termes de rentabilité, de le mettre à disposition de chacun. Mais est-ce vraiment aussi rentable que cela ?

L'exemple qui suit est assez parlant.

Alors que nous étions dans une administration – dont nous tairons le nom – de notre beau pays pour demander des documents officiels, le préposé nous a demandé d'attendre car il avait besoin d'aller dans un autre bureau pour chercher lesdits documents.

Nous avons attendu ainsi 5 bonnes minutes et quand notre homme est revenu nous l'avons interrogé – déformation professionnelle – sur la raison de cette attente.

- « J'ai dû attendre à l'impression car nous avons une imprimante partagée à l'étage et l'un de mes collègues était en accès prioritaire.
- Et vous devez souvent aller à cette imprimante ?
- Quasiment chaque fois qu'on me demande un document soit 4 ou 5 fois dans l'heure.
- Mais vous n'attendez pas 5 minutes à chaque fois ?
- Non ! mais parfois je dois y retourner car il n'y a plus de papier ou bien je dois d'abord y aller pour mettre du papier spécifique et quand je veux éditer, d'autres utilisateurs de l'imprimante ont consommé mon papier. Finalement, cette imprimante, ce n'est pas très pratique. Pourtant nous ne sommes que 8 personnes à nous la partager. On devrait pouvoir s'organiser ».

Dès que nous sommes sortis de cette administration, nous nous sommes livrés à un petit calcul, comme le ferait tout novice du KAIZEN.

Ainsi, chaque personne va perdre (au mieux) environ 5 minutes par heure dans les allers-retours à l'imprimante.

Dans une journée elle a perdu 40 minutes et dans une semaine 3 heure 20.

Elle a perdu 13 heures en 1 mois.

Si cette personne est payée 10 euros nets de l'heure, ce qui n'est pas un salaire de « top manager », on peut considérer - au prix où sont les imprimantes actuellement - qu'une imprimante individuelle serait payée en 1 mois d'allers-retours de son bureau à cette imprimante.

Sans compter, évidemment, les impressions sur les mauvais documents, les bourrages…

Sans compter qu'avec une seule imprimante, si elle tombe en panne, ce sont 8 personnes qui arrêtent de servir les clients.

Sans compter, non plus, l'attente en bas au guichet, car pendant qu'il est dans les couloirs, le préposé n'est pas face au client qui est toujours impatient. Il n'est d'ailleurs pas non plus présent pour répondre au téléphone qui sonne.

En global, sur les 8 personnes, cela donne quoi en termes de coût ?

Et bien c'est simple :

Une imprimante dure 2 ans.

Elle vaut 130 euros

Budget pour les 8 personnes pour les 2 ans : 1 040 euros

Temps passé à aller à l'imprimante pendant ces 2 ans pour ces 8 personnes :

8 personnes x 40 mn x 200 jours x 2 ans

= 128 000 mn (2 133 heures)

Budget imprimante (à 10 euros de l'heure)

= 21 330 EUROS

Coût pour l'entreprise avec les charges

= 42 660 EUROS.

Oui, vous avez bien lu : 40 fois plus cher.

Ainsi que le montre ce petit exemple, facilement vérifiable, on paie des gens à se déplacer (alors qu'ils ne l'ont souvent pas demandé) et on leur dit, quand elles demandent des moyens pour mieux travailler, qu'il n'y a pas d'argent pour le faire ou que cela est trop cher.

Comme les gens sont dans les couloirs et qu'il manque du personnel face aux clients, la solution immédiate la plus simple consiste à vouloir (devoir) embaucher d'autres personnes, qui sont rapidement, elles aussi, dans les couloirs.

L'histoire est sans fin.

Pour rendre le service réclamé par le client, il faut simplement lui rendre son préposé et pour cela il ne doit pas être dans les couloirs.

Achetons les imprimantes aux préposés et n'en parlons plus…Ou plutôt nous en reparlerons car dans le KAIZEN, rien n'est jamais figé.

Epilogue de l'histoire et nouvel enjeu

Dans l'épisode 3, nous avons redessiné le magasin et implanté les rayons en fonction des critères déterminés de fréquence et d'ergonomie.

Le Bilan de cet exercice KAIZEN est multiple.

Nous pouvons bien évidement mesurer la surface gagnée, la baisse du stock et ses coûts, la rapidité de sortie des pièces, la fluidité, l'absence d'attente au comptoir.

Nous pouvons aussi mesurer l'augmentation de la satisfaction des clients par l'analyse des enquêtes faites par le constructeur.

En revanche, ce qui ne se mesure pas aisément mais que l'on ressent, c'est la motivation des collaborateurs, l'ambiance qui règne et la volonté de poursuivre l'amélioration.

Le groupe KAIZEN ne doit pas disparaître, il doit se lancer de nouveaux défis. C'est le rôle du management de maintenir la motivation et d'intégrer le KAIZEN à l'ADN des valeurs de l'entreprise pour que « l'amélioration continue » continue…

(Pas de fin)

Le pragmatisme du KAIZEN

Le KAIZEN est une démarche très pragmatique.

Si on peut résoudre un problème à distance, on le fait plutôt que d'envoyer quelqu'un.

Si on peut faire le travail seul au lieu de deux, on le fait également.

S'il faut un outil, une méthode, un process pour faire seul ce qu'on ferait à deux, on achète cet outil, on applique cette méthode, on suit ce process.

Le KAIZEN n'est pas contre le personnel. Il n'a pas vocation à détruire d'emplois. Au contraire, il a vocation à aider l'homme à travailler mieux, plus longtemps, dans des conditions de rentabilité optimales.

Et nous disons bien optimales et non pas maximales.

Presser l'individu ou l'équipe par des pratiques de rendement n'est pas dans la philosophie KAIZEN. Bien au contraire, quand l'individu se trouve dans un environnement où il se sent mieux, dans des conditions moins contraignantes, il travaille plus longtemps.

C'est d'ailleurs la raison pour laquelle les collaborateurs sont engagés dans les programmes KAIZEN des entreprises.

Ainsi que nous l'avons dit plus haut, le KAIZEN trouve son pragmatisme dans l'observation de l'environnement. Tout est bon pour progresser vite. Si l'exemple à suivre vient de la nature, comme l'hélicostat, c'est très bien. Si l'exemple à suivre vient d'un concurrent ou d'un confrère qui a trouvé une démarche novatrice, c'est très bien aussi.

Il n'y a pas d'état d'âme ou de nostalgie à avoir lorsqu'on se doit d'appliquer des nouvelles méthodes plus efficaces. Ce n'est pas parce qu'on change que les méthodes anciennes étaient mauvaises. Elles correspondaient sans doute, à l'époque, à la meilleure réponse du moment. Les méthodes d'aujourd'hui seront changées demain.

Ainsi est le KAIZEN ; intemporel, donc toujours tellement d'actualité.

LEXIQUE POUR PARLER KAIZEN

Gemba : Le terrain, le lieu de toutes les informations, le lieu de toutes les améliorations.

Jidoka : Engagement à ne jamais transmettre un mauvais produit ou une mauvaise information au processus suivant.

Genchi-Genbutsu : Observer, analyser, vérifier par soi-même directement sur le terrain, ne pas se fier aux informations transmises.

Muda : Gaspillage dû à l'attente, la surproduction, le stockage, les malfaçons, les déplacements et procédures inutiles.

Sensei : Le Maître (celui qui a appris).

5 « S »

- SEIRI   (TRIER)
- SEITON   (RANGER)
- SEISO   (NETTOYER)
- SEIKETSU   (STANDARDISER)
- SHITSUKE   (CONTINUER)

ANTI KAIZEN
ou
Les règles de Ken Zai

Règle n°1
Freinez chaque fois que c'est possible, surtout dans les côtes.

Règle n°2
Méfiez-vous des nouveautés.

Règle n°3
La curiosité est un vilain défaut.

Règle n°4
L'important, c'est de ne pas participer.

Règle n°5
Je n'ai pas essayé, je n'ai pas échoué.

Règle n°6
Ne vous intéressez pas aux autres, ils vous laisseront tranquille.

Règle n°7
Ne partagez pas vos idées, on pourrait vous les voler.

Règle 8
Si c'était si facile, quelqu'un l'aurait déjà fait.

Règle 9
Si ceux qui sont payés pour réfléchir n'y ont pas pensé, ce n'est certainement pas moi qui vais pouvoir changer quelque chose.

Règle 10
Tu travailleras dans la douleur et la difficulté (ou alors, tu seras moins payé).

Règle 11
On ne change pas une équipe qui gagne (ainsi elle perdra un jour).

Citations auxquelles vous n'échapperez pas

Échouer, ce n'est pas rater, c'est abandonner.
(Sénèque)

En essayant continuellement on finit par réussir. Donc plus ça rate, plus on a de chance que ça marche.
(Jacques Rouxel, les Shadocks).

Un voyage de mille lieues commence toujours par un pas.
(Lao Tseu)

Un intellectuel assis va moins loin qu'un con qui marche.
(Michel Audiard).

Il vaut mieux prendre une bonne décision quand on a assez d'éléments pour le faire, que d'attendre d'avoir tous les éléments pour prendre une décision parfaite.
(Herbert Simon, prix Nobel d'économie 1978)

Si tu peux l'attraper avec la main, ne va pas chercher une échelle.

(Pierre Charraud)

Qui fait 2 fois 2 à la calculette n'est pas KAIZEN.

On peut gagner plus, en travaillant mieux.

(Daniel Cissé)

On peut travailler moins tout en vivant mieux.

(Daniel Cissé)

Quand on dit travailler plus pour gagner plus, on n'a jamais dit que ça devait être les mêmes.

(Film « Erreur de la banque en votre faveur »)

Grandir, c'est s'élever en gardant les pieds sur terre.

(Daniel Cissé)

Who says later says never

(Une cousine américaine)

Les auteurs

Pierre CHARRAUD après plus de 24 ans dans la distribution automobile est Garagologue et directeur général de **LA WROOM TEAM** depuis plus de 10 ans aux côtés d'**Eric CERCEAU**, Garagologue et fondateur de **LA WROOM TEAM**. **LA WROOM TEAM** est une entreprise spécialisée dans la mise en œuvre de programmes KAIZEN. Il donne des conférences sur le KAIZEN et intervient en conseil et en formation aussi bien auprès des PME que des grandes entreprises.

Daniel CISSE a créé et dirige depuis plus de 30 ans *Business Training*, une société de conseil et de formation aux techniques commerciales et managériales. Il intervient auprès de PME et de grandes entreprises lors de conférences et de séminaires à thème. Plus de 20 000 personnes ont pu bénéficier de son expertise.

L'illustrateur

Ivan Clerc Renaud marie avec bonheur son expertise des réseaux commerciaux et son goût pour le dessin.

Par ses idées et son œil critique, il participe à une vision plus humaniste des rapports dans l'entreprise.

Autres livres écrits par Daniel CISSE

« La Fureur de vendre »   1991

« La Fureur de vendre 2 »   1994

« Georges Louseur contre Bob Winner   1998

« 20 conseils + 9 sur les réseaux d'enseigne »   1999

« Le management du père Noël »   2005

« Comment devenir …maître du monde »   2007

« Tout savoir sur la négociation »   2010

« Tout savoir sur l'entretien de vente   2012

« Le tour de la vente en 80 leçons »   2017

« Et Dieu créa … LA VENTE »   2019

BIBLIOGRAPHIE

« Un petit pas peut changer votre vie »

                                    Robert Maurer 2004

« Système Lean »

                        J Womack & D Jones 1996.2003

« Gemba Kaizen »

                                    Masaaki Imai 1997

Imprimé pour le compte de

BUSINESS TRAINING

7, rue de L'Indre

44 000 Nantes

Et

LA WROOM TEAM

3 bis, rue des Bauches

78 260 Achères

Edition : Books on Demand,
12/14 rond-Point des Champs-Elysées, 75008 Paris
Impression : BoD - Books on Demand, Norderstedt, Allemagne
ISBN : 9782322220731
Dépôt légal : Avril 2020